escola - məktəp	2
viagem - səyəxət	5
transporte - transport	8
cidade - şəhər	10
paisagem - tirə-yün	14
restaurante - restoran	17
supermercado - supermarket	20
bebidas - eçemleklər	22
comida - azıq	23
fazenda - çeftlek	27
casa - yort	31
sala de estar - qunaq bülməse	33
cozinha - aş bülməse	35
banheiro - yuınu bülməse	38
quarto de criança - bala bülməse	42
vestuário - kiyem	44
escritório - ofis	49
economia - iqtisad	51
profissões - hönərlər	53
ferramentas - ələtlər	56
instrumentos musicais - muzıka alətlərе	57
zoológico - xaywan baqçası	59
esportes - sport törlərе	62
atividades - itkenleklər	63
família - ğailə	67
corpo - tən	68
hospital - xastaxanə	72
emergência - kiçektergesez xəl	76
Terra - Cir	77
relógio - səğət	79
semana - atna	80
ano - yıl	81
formas - şəkellər	83
cores - töslər	84
opostos - qapma-qarşılıqlar	85
números - sannar	88
idiomas - tellər	90
quem / o quê / como - kem / nərsə / niçek	91
onde - qayda	92

Impressum
Verlag: BABADADA GmbH, Nedderfeld 112 , 22529 Hamburg
Geschäftsführer / Verlagsleitung: Harald Hof
Druck: Books on Demand GmbH, In de Tarpen 42, 22848 Norderstedt

Imprint
Publisher: BABADADA GmbH, Nedderfeld 112 , 22529 Hamburg, Germany
Managing Director / Publishing direction: Harald Hof
Print: Books on Demand GmbH, In de Tarpen 42, 22848 Norderstedt

escola
məktəp

- dividir / bülü
- quadro / taqta
- sala de aulas / sıynıf bülməsе
- pátio da escola / məktəp ixatası
- professor / uqıtuçı
- papel / kəğəz
- caneta / qələm
- escrivaninha / östəl
- régua / sızğıç
- escrever / yazarğa
- livro / kitap
- aluno / uquçı

sacola
buqça

estojo de lápis
qələmdan

lápis
qırandaş

apontador de lápis
qələm oçlağıç

borracha
betergeç

bloco de desenho
rəsem dəftərе

desenho
rəsem

pincel
pumala

estojo de tintas
buyawlar tartması

tesoura
qayçı

cola
cilem

livro de exercícios
dəftər

lição de casa
öy eşe

número
san

somar
quşu

subtrair
alu

multiplicar
tapqırlaw

calcular
isəpləw

letra
xəref

alfabeto
əlifba

palavra
süz

escola - məktəp

texto	ler	giz
tekst	uqırğa	aqbur

 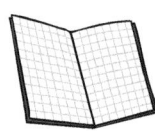 

hora	registro da classe	exame
dəres	sıynıf jurnalı	imtixan

certificado	uniforme escolar	educação
sertifikat	məktəp forması	məğərif

enciclopédia	universidade	microscópio
ensiklopediyə	universitə	mikroskop

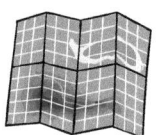 

mapa	cesto de lixo
xarita	çüp qəğəz çiləge

escola - məktəp

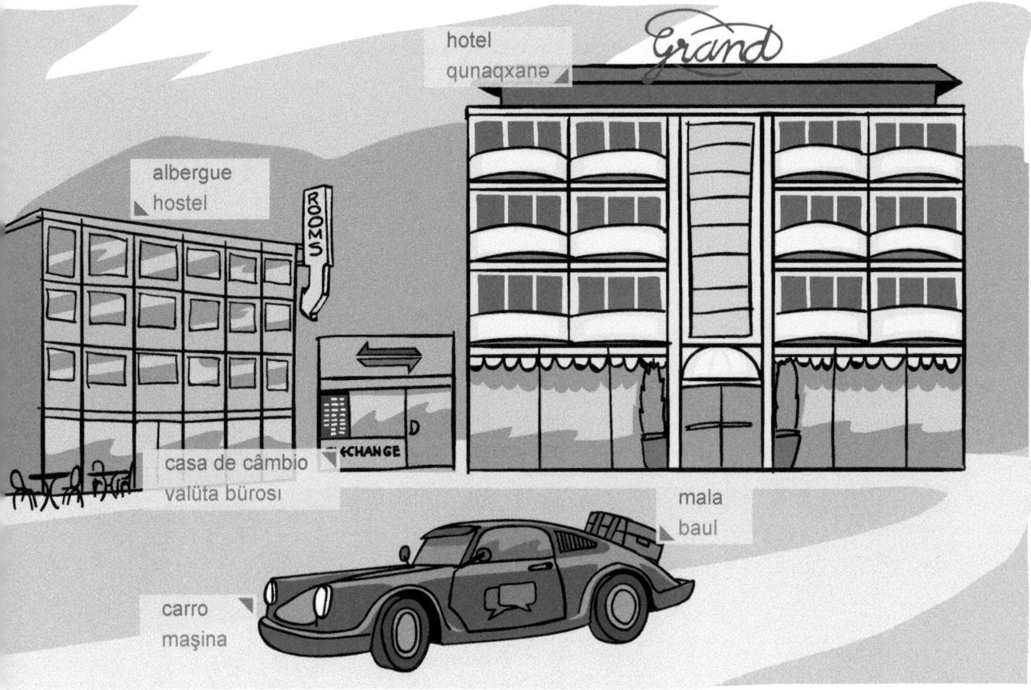

viagem
səyəxət

hotel
qunaqxanə

albergue
hostel

casa de câmbio
valūta bürosı

mala
baul

carro
maşına

idioma
tel

sim / não
əye / yuq

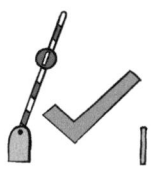

ok
yarar

Olá
isənmesez

tradutor
tərceməçe

obrigado
Rəxmət

viagem - səyəxət   5

quanto custa...?
... küpme tora?

eu não entendo
min añlamıym

problema
problem

boa noite!
Xəyerle kiç!

Bom dia!
Xəyerle irtə!

Boa noite!
Tınıç yoqı!

até logo
saw bulığız

direção
yünəleş

bagagem
bagaj

bolsa
buqça

mochila
biştər

convidado
qunaq

quarto
bülmə

saco de dormir
yoqı qapçığı

barraca
çatır

informação turística
turist məğlümətе

praia
qomsal

cartão de crédito
kredit kərte

café da manhã
irtənge aş

almoço
töşlek

jantar
kiçke aş

bilhete
bilet

elevador
lift

selo
marka

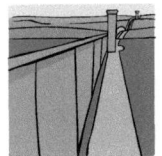

fronteira
çik

alfândega
tamğaxanə

embaixada
ilçelek

visto
viza

passaporte
pasport

viagem - səyəxət

7

transporte
transport

- navio / kərap
- avião / oçqıç
- carro de bombeiros / yanğın maşinası
- caminhão / töyər
- ônibus / awtobus
- barco a motor / motorlı köymə
- carro / maşina
- bicicleta / səpid

balsa
boram

barco
köymə

motocicleta
motosiklət

veículo policial
polisə maşinası

carro de corrida
uzış maşinası

carro de aluguel
kiralıq maşina

compartilhamento de automóvel
karşering

caminhão de reboque
tartuçı

caminhão de lixo
çüp töyəre

motor
motor

combustível
yağulıq

posto de gasolina
benzinlek

 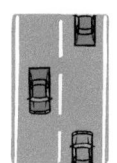 

placa de trânsito
trafik bilgese

trânsito
xərəkət

trânsito lento
böke

estacionamento
parking

estação de trem
stansa

trilhos
rəy

 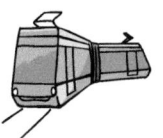 

trem
trən

bonde
tramway

vagão
vagon

helicóptero
boralaq

aeroporto
hawa alanı

torre
manara

passageiro
yulçı

contêiner
konteyner

cartolina
alap

carroça
yök arbası

cesto
səbət

decolar / pousar
qalqu / töşü

cidade
şəhər

vilarejo
awıl

centro da cidade
şəhər üzəge

casa
yort

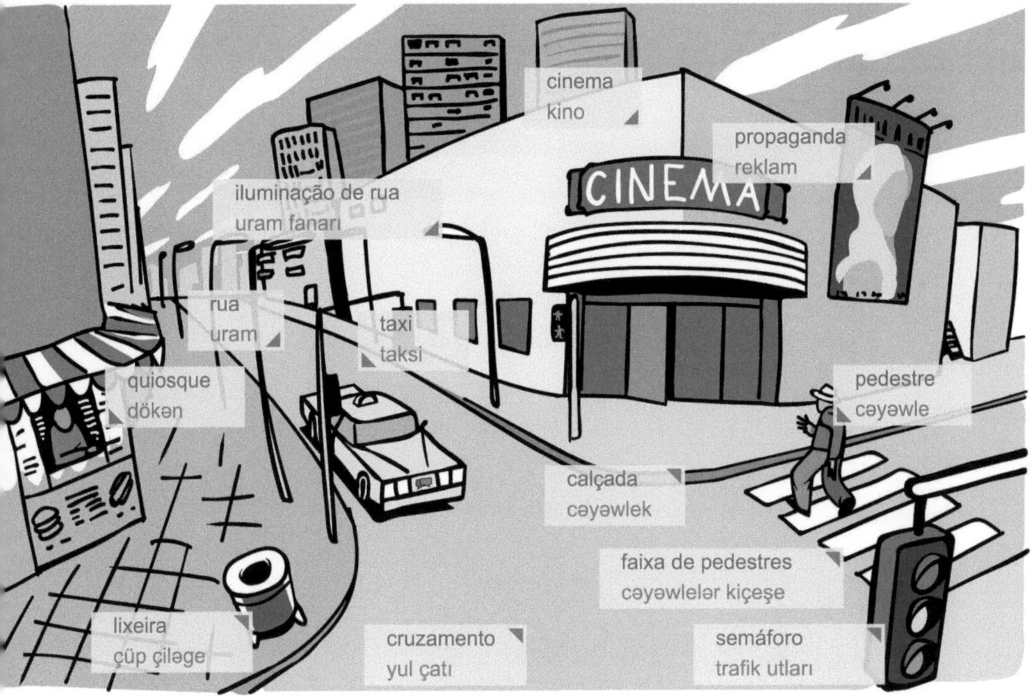

cinema
kino

propaganda
reklam

iluminação de rua
uram fanarı

rua
uram

taxi
taksi

quiosque
dökən

pedestre
cəyəwle

calçada
cəyəwlek

faixa de pedestres
cəyəwlelər kiçeşe

lixeira
çüp çiləge

cruzamento
yul çatı

semáforo
trafik utları

cabana
alaçıq

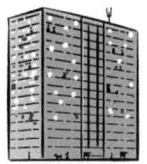
apartamento
fatir

estação de trem
stansa

prefeitura
şəhər xakimiyəte

museu
yədkərxanə

escola
məktəp

cidade - şəhər

universidade
universitə

banco
bank

hospital
xastaxanə

hotel
qunaqxanə

farmácia
daruxanə

escritório
ofis

livraria
kitap kibete

loja
kibet

floricultura
çəçək kibete

supermercado
supermarket

mercado
bazar

loja de departamentos
zur kibet

peixaria
balıq kibete

centro comercial
səwdə üzəge

porto
liman

cidade - şəhər

parque
park

banco
eskəmiyə

ponte
küper

escadas
basqıç

metrô
metro

túnel
tunnel

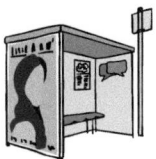

ponto de ônibus
awtobus tuqtalışı

bar
bar

restaurante
restoran

caixa de correspondência
yamıl tartması

placa de rua
uram bilgese

parquímetro
parking sanağıçı

zoológico
xaywan baqçası

piscina
xəwezxanə

mesquita
məçet

cidade - şəhər

fazenda / çeftlek

poluição / kerlelek

cemitério / zirat

igreja / çirkəw

parquinho / uyın alanı

templo / ğibädätxanä

paisagem
tirə-yün

- folha / yafraq
- placa de sinalização / yul kürsətkeçe
- caminho / yul
- gramado / bolın
- pedra / taş
- árvore / ağaç
- caminhantes / yöreşçe
- rio / yılğa
- grama / ülən
- flor / çəçək

vale
üzən

montanha
qalqulıq

lago
kül

floresta
urman

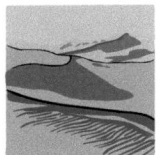
deserto
çül

vulcão
yanartaw

castelo
nığıtma

arco-íris
salawat küpere

cogumelo
gömbə

palmeira
palma

mosquito
çerki

mosca
çeben

formiga
qırmısqa

abelha
bal qortı

aranha
ürməküç

paisagem - tirə-yün

besouro
qoñğız

sapo
baqa

esquilo
tiyen

ouriço
kerpe

lebre
quyan

coruja
yabalaq

pássaro
qoş

cisne
aqqoş

javali
qaban duñğızı

veado
bolan

alce
poşıy

barragem
tuan

aerogerador
cir turbını

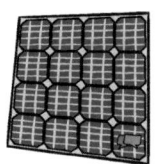
painel solar
qoyaş panele

clima
iqlim

paisagem - tirə-yün

restaurante
restoran

- garçom / tabınçı
- menu / saylaq
- cadeira / urındıq
- sopa / aş
- pizza / pitsa
- talheres / çeneçke-pıçaq taqımı
- toalha de mesa / aşyawlıq

entrada
qabımlıq

prato principal
töp aşamlıq

sobremesa
tatlı

bebidas
eçemlekler

comida
azıq

garrafa
şeşe

restaurante - restoran

fastfood
fastfud

comida de rua
uram rizığı

bule de chá
çəygün

açucareiro
şikər sawıtı

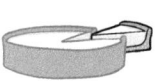

porção
salım

máquina de expresso
espresso maşını

cadeirão
biyek urındıq

conta
xisap

bandeja
töger

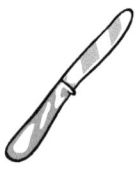

faca
pıçaq

garfo
çəneçke

colher
qaşıq

colher de chá
çəy qaşığı

guardanapo
tastımal

copo
tustağan

restaurante - restoran

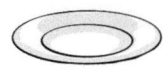

prato
tabaq

prato de sopa
aş tabağı

pires
cəypək

molho
sous

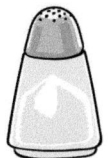

saleiro
toz sawıtı

moedor de pimenta
borıç tegermәne

vinagre
serkә

óleo
sıyıq may

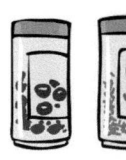

especiarias
tәmlәtkeç

ketchup
ketçup

mostarda
xәrdәl

maionese
mayonez

restaurante - restoran

supermercado
supermarket

oferta especial
maxsus təqdim

cliente
satıp aluçılar

laticínios
söt eşlənmələre

carrinho de compras
kibet arbası

frutas
cimeş

açougue
it kibete

padaria
ikməkxanə

pesar
ülçəw

legumes
yəşelçə

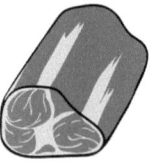

carne
it

congelados
tuñdırılğan aşamlıqlar

20 supermercado - supermarket

charcutaria
suıq it

conservas
kənsirləngən aşamlıq

detergente em pó
ker tuzı

doces
şikərləmələr

artigos domésticos
öy eşlənmələre

produtos de limpeza
təmizlek eşlənmələre

vendedora
satuçı

caixa
yazuçı kassa

caixa
kassir

lista de compras
satıp alu isemlege

horário de funcionamento
eş waqıtı

carteira
qalta

cartão de crédito
kredit kərte

sacola
buqça

saco plástico
plastik qapçıq

supermercado - supermarket

bebidas
eçemləklər

água

su

suco

sut

leite

söt

coca-cola

kola

vinho

şərəb

cerveja

sıra

álcool

xəmer

cacau

kakao

chá

çəy

café

qəhwə

expresso

espresso

cappuccino

kapuçino

comida
azıq

banana / banan maçã / alma laranja / əflisun

melão / qarbız limão / limon cenoura / kişer

alho / sarımsaq bambu / bambu cebola / suğan

cogumelo / gömbə nozes / çikləweklər macarrão / toqmaç

espaguete

spagetti

arroz

döge

salada

salat

batatas fritas

çips

batatas frias

qızdırılğan bərəñge

pizza

pitsa

hambúrger

hamburger

sanduíche

sandwiç

escalope

kətlit

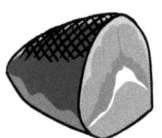

presunto

ветчина

salame

salami

salsicha

sosis

galinha

tawıq ite

assado

qızdırma

peixe

balıq

comida - azıq

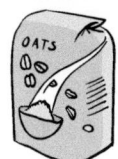  

flocos de aveia	granola	flocos de milho
solı izməse	müsli	məkkəy keterdege

farinha	croissant	pãozinho
on	kruassan	ipi tügərəge

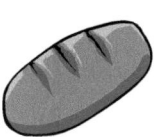  

pão	torrada	biscoitos
ikmək	tost	kətərməç

manteiga	requeijão	bolo
may	eremçek	kəyk

  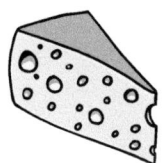

ovo	ovo frito	queijo
yomırqa	təbə	pəynir

comida - azıq

sorvete	açúcar	mel
tuñdırma	şikər	bal

geleia	creme de avelãs	curry
qaynatma	şokolad izməse	karri

fazenda
çeftlek

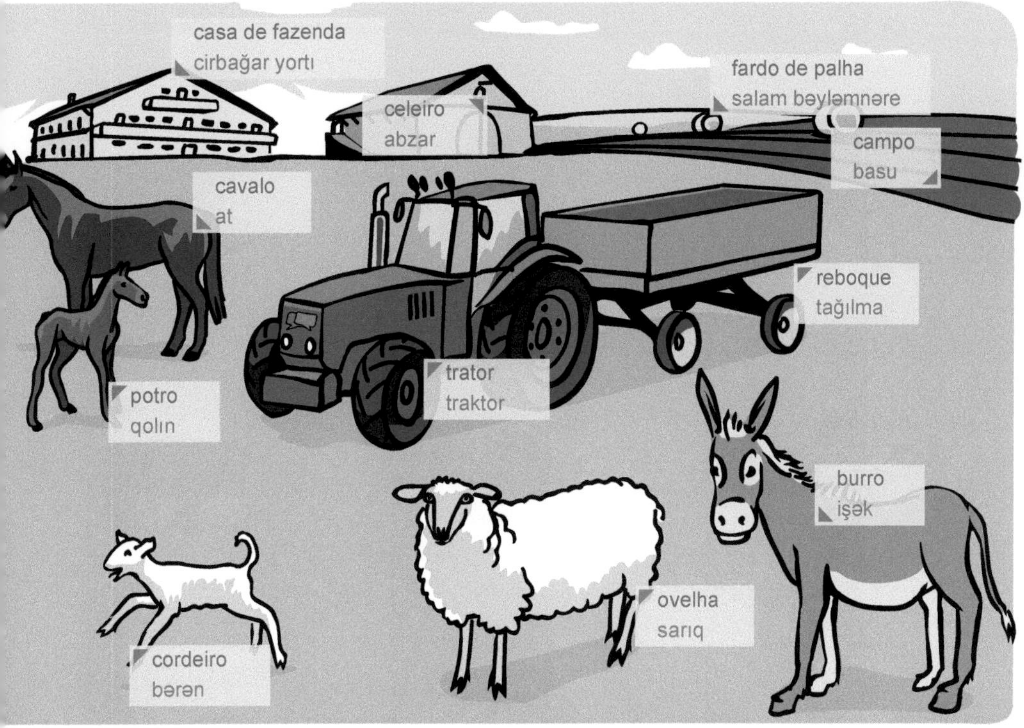

casa de fazenda
cirbağar yortı

celeiro
abzar

fardo de palha
salam bəyləmnərə

campo
basu

cavalo
at

reboque
tağılma

potro
qolın

trator
traktor

burro
işək

cordeiro
bərən

ovelha
sarıq

cabra
kəcə

vaca
sıyır

bezerro
bozaw

porco
duñğız

leitão
duñğız balası

touro
ügez

ganso
qaz

pato
ürdək

pintinho
çebi

galinha
tawıq

galo
ətəç

ratazana
küse

gato
pesi

camundongo
tıçqan

boi
eş ügeze

cachorro
et

casinha do cachorro
et oyası

mangueira de jardim
baqça xortumı

regador
susipkeç

foice
çalğı

arado
saban

fazenda - çeftlek

foice
uraq

enxada
kitmən

forquilha
sənək

machado
balta

carrinho de mão
qul arbası

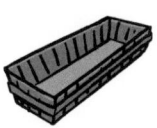

manjedoura
tağaraq

jarra de leite
söt çiləge

saco
qapçıq

cerca
qoyma

estábulo
abzar

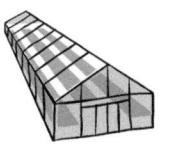

estufa
essexanə

solo
tufraq

semente
orlıq

fertilizante
aşlama

colheitadeira
kombayn

fazenda - çeftlek

colher
uñış cıyarğa

colheita
uñış

inhame
yam

trigo
boday

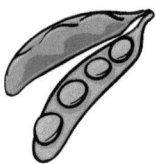
soja
soya

batata
bərəñge

milho
məkkəy

colza
raps

árvore frutífera
cimeş ağaçı

mandioca
manyok

cereais
börteklelər

fazenda - çeftlek

casa
yort

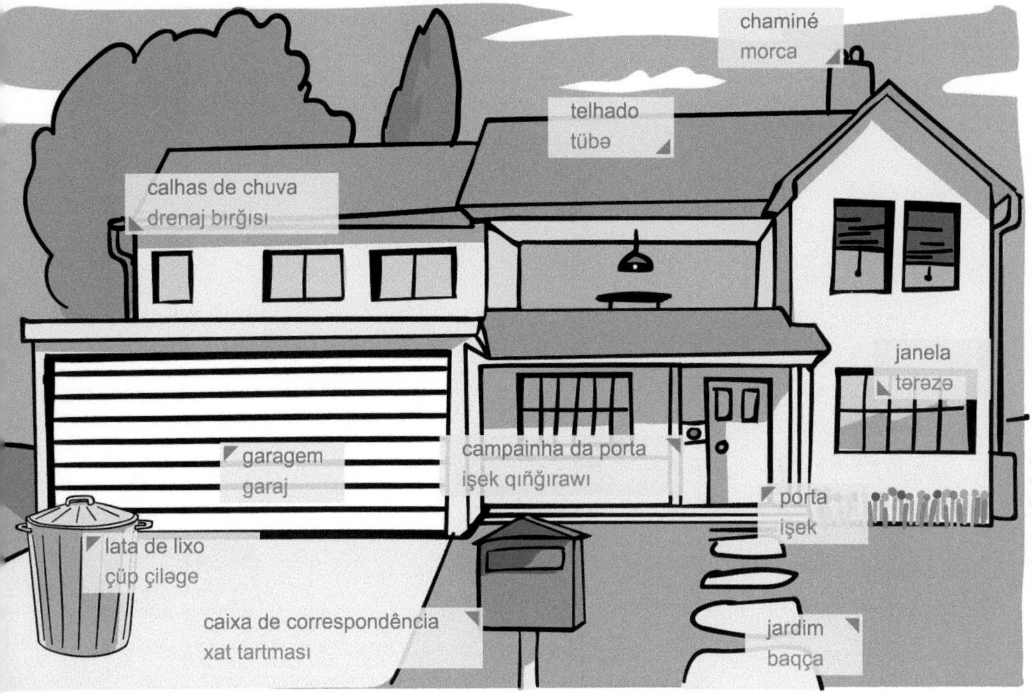

- chaminé / morca
- telhado / tübə
- calhas de chuva / drenaj bırğısı
- janela / tərəzə
- garagem / garaj
- campainha da porta / işek qınğırawı
- porta / işek
- lata de lixo / çüp çiləge
- caixa de correspondência / xat tartması
- jardim / baqça

sala de estar
qunaq bülməse

banheiro
yuınu bülməse

cozinha
aş bülməse

quarto de dormir
yataq bülməse

quarto de criança
bala bülməse

sala de jantar
aş bülməse

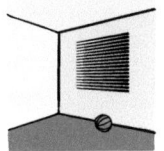

chão
idän

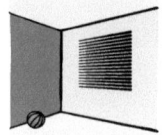

parede
diwar

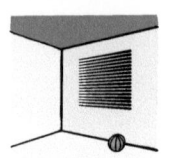

teto
tüşəm

porão
tülə

sauna
sawna

varanda
balkon

terraço
teras

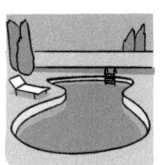

piscina
xəwez

cortador de grama
çirəmçapqıç

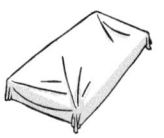

lençol
cəymə

coberta
yataq yapması

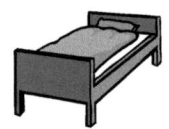

cama
yataq

vassoura
seberke

balde
çilək

interruptor
özgeç

casa - yort

sala de estar
qunaq bülməse

- papel de parede / diwar kəğəze
- quadro / rəsem
- lâmpada / lampa
- prateleira / kiştə
- armário / dulap
- lareira / çual
- televisão / televiziyə
- flor / çəçək
- travesseiro / mendər
- vaso / nəlbək
- sofá / diwan
- controle remoto / yıraqtan boyırma

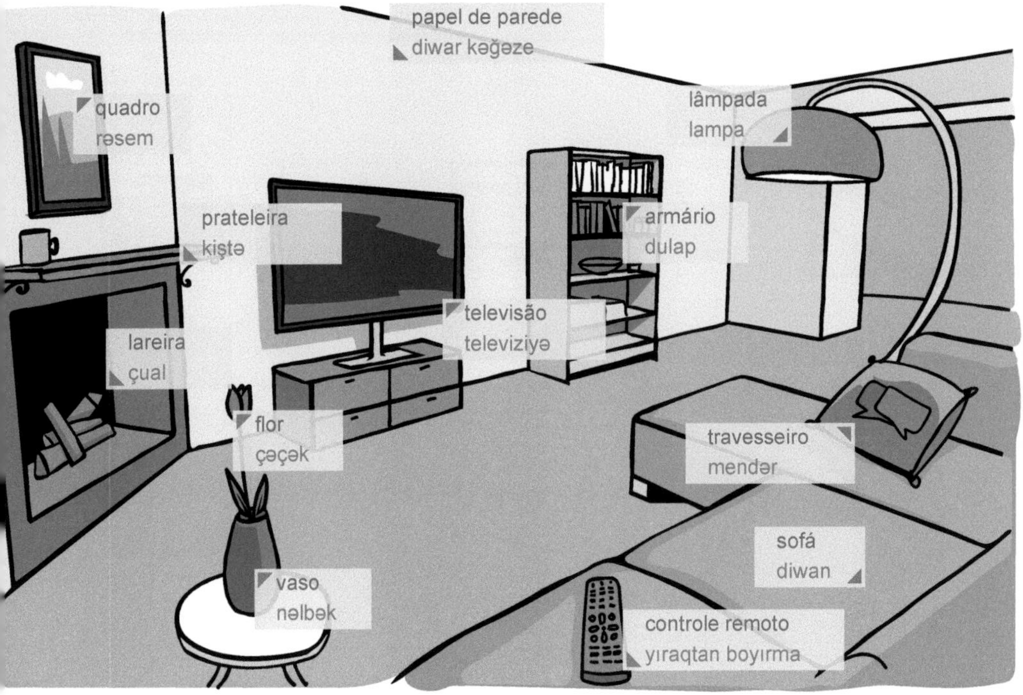

tapete
keləm

cortina
pərdə

mesa
östəl

cadeira
urındıq

cadeira de balanço
tirbəlmə urındıq

poltrona
kənəfi

sala de estar - qunaq bülməse

livro
kitap

cobertor
yapma

decoração
dekor

lenha
utın

filme
film

equipamento de som
hi-fi

chave
açqıç

jornal
gəcit

pintura
sürət

pôster
poster

rádio
radio

bloco de notas
quyın dəftərə

aspirador
tuzansuırğıç

cacto
kaktus

vela
şəm

sala de estar - qunaq bülməse

cozinha
aş bülməsə

- geladeira / suıtqıç
- microondas / mikrodulqınlı miç
- balança de cozinha / aşxanə ülçəwe
- tostadeira / toster
- detergente / yuğıç əyber
- forno / miç
- freezer / tuñdırğıç
- lata de lixo / çüp çiləge
- lava-louças / sawıt-saba yuğıç

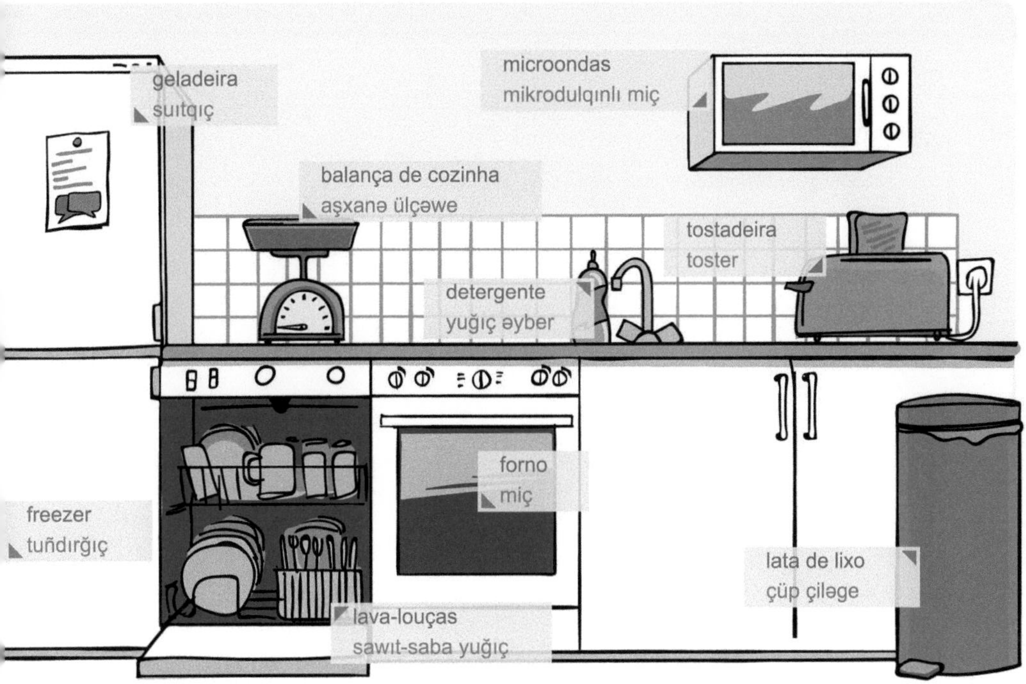

fogão
əwsək

panela
sağan

panela de ferro
çuyın sağan

wok / kadai
wok

frigideira
taba

chaleira
çəygün

cozinha - aş bülməsə

panela a vapor

bulı peşergeç

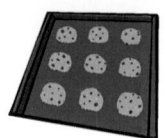

tabuleiro de forno

qalay

louça

sawıt-saba

caneca

təgəç

caçarola

kəsə

hashi

aşaw tayaqçıqları

concha de sopa

ucaw

espátula

spatula

batedor

tuğlağıç

escorredor

sözgeç

peneira

ilək

ralador

qırğıç

almofariz

kile

churrasqueira

barbekü

lareira

açıq uçaq

cozinha - aş bülməse

tábua de cortar
taqta

rolo da massa
uqlaw

saca-rolhas
böke suırğıç

lata
metal tartma

abridor de latas
kənsir açqıç

pegador de panela
miç biyələye

pia
kirşən

escova
fırça

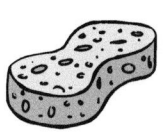
esponja
bolıt

liquidificador
blender

congelador
tirən tuñdırğıç

mamadeira
imezlekle şeşə

torneira
çömək

cozinha - aş bülməse

banheiro
yuınu bülməse

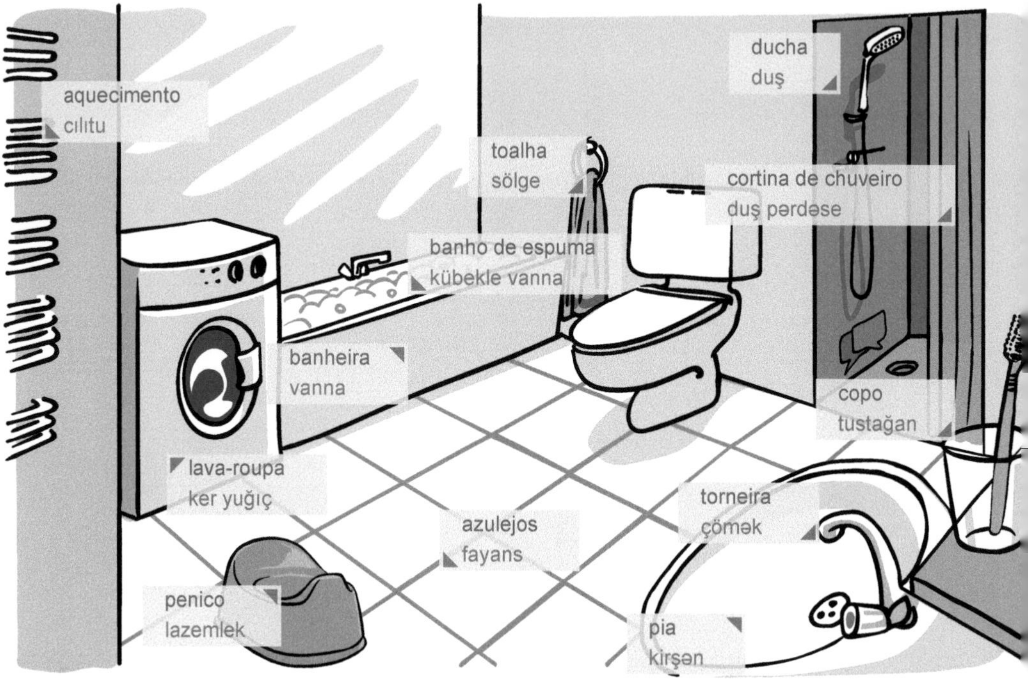

- aquecimento / cılıtu
- ducha / duş
- toalha / sölge
- cortina de chuveiro / duş pərdəse
- banho de espuma / kübekle vanna
- banheira / vanna
- copo / tustağan
- lava-roupa / ker yuğıç
- azulejos / fayans
- torneira / çömək
- penico / lazemlek
- pia / kirşen

vaso sanitário
bədrəf

lavabo de agachar
törekçə bədrəf

bidê
bide

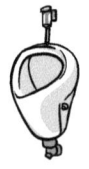

mictório
pissuar

papel higiênico
bədrəf kəğəze

escova de privada
bədrəf fırçası

escova de dentes

teş fırçası

pasta de dentes

teş məğcüne

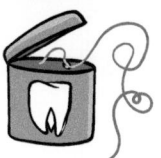

fio dental

teş cebe

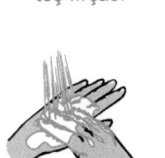

lavar

yuarğa

ducha de mão

duş başlığı

ducha íntima

duş

bacia

kirşən

escova para as costas

arqa fırçası

sabonete

sabın

gel de banho

duş señəle

xampu

şampun

toalha de rosto

munçala

escoamento

ağım

creme

krem

desodorante

dezodorant

espelho
közge

espelho de mão
qul közgese

barbeador
östərə

espuma de barbear
qırınu kübege

loção pós-barba
qırınu losyonı

pente
taraq

escova
fırça

secador de cabelo
fön

spray de cabelo
çəç sprəye

maquiagem
makiyaj

batom
iren innege

esmalte de unhas
tırnaq cələse

algodão
mamıq

tesoura para unhas
tırnaq qayçısı

perfume
xuşbuy

banheiro - yuınu bülməse

nécessaire
makiyaj buqçası

banquinho
utırğıç

balança
ülçəw

roupão de banho
çoba

luvas de borracha
rezin iləsə

absorvente interno
tampon

absorvente íntimo
higiyenik pəd

banheiro químico
kimiyəwi bədrəf

banheiro - yuınu bülməse

quarto de criança
bala bülməse

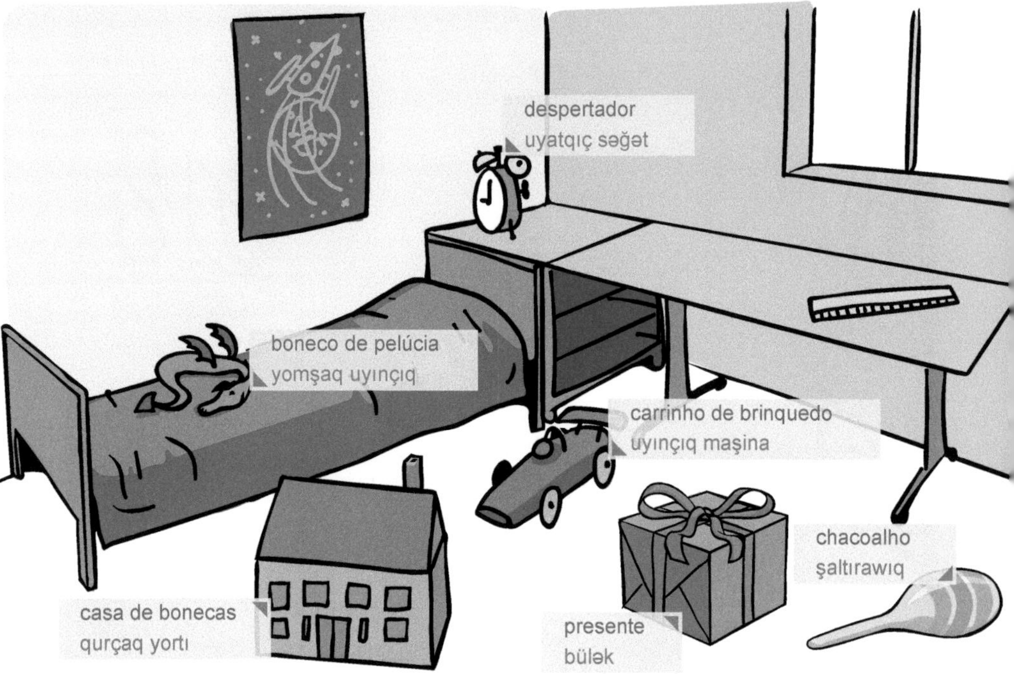

despertador
uyatqıç səğət

boneco de pelúcia
yomşaq uyınçıq

carrinho de brinquedo
uyınçıq maşina

chacoalho
şaltırawıq

casa de bonecas
qurçaq yortı

presente
bülək

balão

hawa şarı

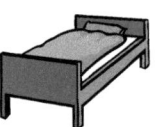

cama

yataq

carrinho de bebê

bəbi arbası

jogo de cartas

kərt dəstəse

quebra-cabeças

pazl

revista de quadrinhos

komiks

peças de Lego
lego kirpeçlәre

blocos de construção
şaqmaqlar

figura de ação
uyın sınçığı

macaquinho de bebê
zıbın

frisbee
frisbi

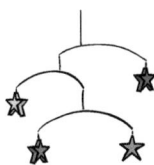
móbile para bebé
mobil

jogo de tabuleiro
östәl uyını

dados
uyın taşı

trenzinho elétrico
trәn modele cıyılması

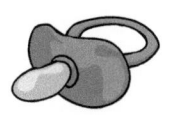
chupeta
imezlek

festa
kiçә

livro ilustrado
rәsemle kitap

bola
tup

boneca
qurçaq

brincar
uynarğa

quarto de criança - bala bülmәse

caixa de areia
qomlıq

balanço
tağan

brinquedos
uyınçıqlar

videogame
uyın quşması

triciclo
öç köpçəkle səpid

ursinho de pelúcia
uyınçıq ayu

guarda-roupa
kiyem dulabı

vestuário
kiyem

meias
oyıqbaş

meias pelo joelho
oyıq

meias-calças
oyığıştan

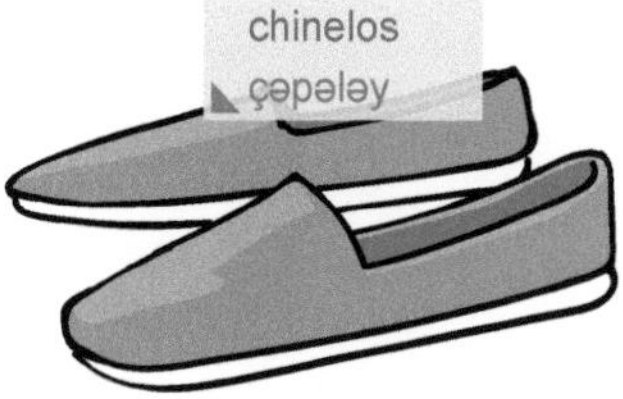

cachecol
şarf

guarda-chuva
qulçatır

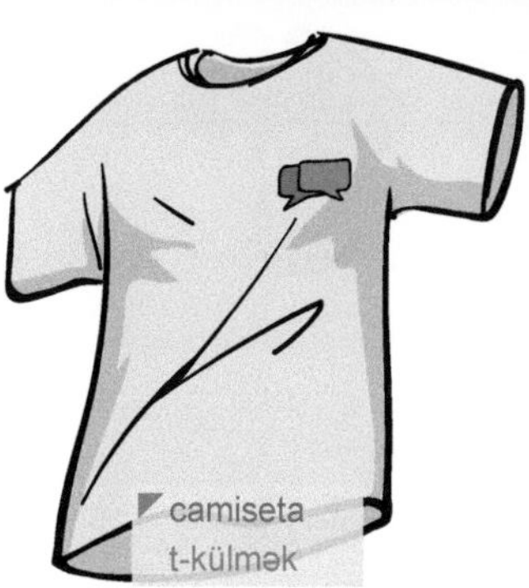

camiseta
t-külmək

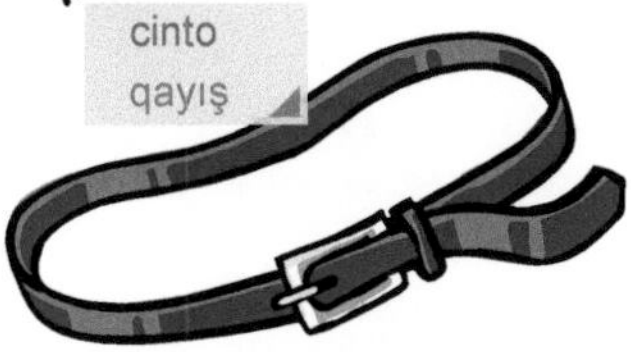

cinto
qayış

botas
itek

chinelos
çəpələy

tênis
sport ayaq kiyeme

sandálias
sandallar

sapatos
ayaq kiyeme

botas de borracha
rezin itek

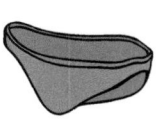

roupa de baixo
tənban

sutiã
tüşti

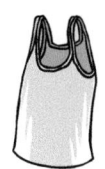

camiseta de baixo
cələk

vestuário - kiyem

body
bodi

calças
çalbar

jeans
jins

saia
itək

blusa
bluz

camisa
külmək

pulôver
sviter

suéter com capuz
hudi

blazer
bleyzer

jaqueta
jaket

casaco
bişmət

gabardine
yañğırlıq

traje
kəçtüm

vestido
külmək

vestido de casamento
tuy külməge

vestuário - kiyem

terno	camisola	pijama
taqım kiyem	tönge külmək	pijama

sari	lenço de cabeça	turbante
sari	yawlıq	çalma

burca	cafetã	abaya
burqa	çapan	abaya

maiô	sunga	shorts
qoyınu kiyeme	yözü tənbanı	şort

roupa de treino	avental	luvas
sport kiyeme	alyapqıç	iləsə

vestuário - kiyem

botão
töymə

óculos
küzlek

pulseira
beləzek

colar
muyınsa

anel
baldaq

brinco
alqa

boné
kəpəç

cabide
elgeç

chapéu
eşləpə

gravata
muyınbaw

zíper
zıncır

capacete
oçlam

suspensórios
çalbar asması

uniforme escolar
məktəp forması

uniforme
forma

vestuário - kiyem

babador

balalar kükrəkçəse

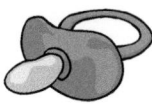

chupeta

imezlek

fralda

küzələ

escritório
ofis

- servidor / server
- armário de arquivos / buma dulabı
- impressora / basaq
- papel / kəğəz
- monitor / kürək
- escrivaninha / östəl
- mouse / tıçqan
- pasta / buma
- teclado / töyməsar
- cesto de lixo / çüp qəğəz çiləge
- computador / sanaq
- cadeira / urındıq

xícara de café

qəhwə təgəçe

calculadora

sansanar

internet

internet

laptop
leptop

carta
xat

mensagem
xəbər

celular
kese telefonı

rede
çeltər

copiadora
fotokopyaçı

software
program təminatı

telefone
telefon

tomada
ayırğıç

fax
faks

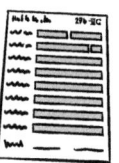
formulário
form

documento
dokument

escritório - ofis

economia
iqtisad

comprar
satıp alırğa

pagar
tülərgə

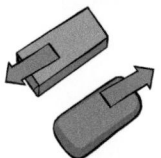
negociar
səwdə itərgə

dinheiro
aqça

Dólar
dollar

Euro
euro

Yen
yen

rublo
sum

franco suíço
frank

renminbi yuan
yuan

rupia
rupi

caixa eletrônico
bankomat

casa de câmbio

valüta bürosı

ouro

altın

prata

kömeş

petróleo

qaramay

energia

energiyə

preço

bəyə

contrato

kontrakt

imposto

salım

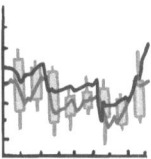

ação

stok

trabalhar

eşlərgə

empregado

eşçe

empregador

eş birüçe

fábrica

fabrika

loja

kibet

economia - iqtisad

profissões
hönərlər

policial
polisə xezmətkəre

bombeiro
yanğın sünderüçe

cozinheiro
aşçı

médico
tabib

piloto
oçuçi

jardineiro
baqçaçı

marceneiro
ağaç ostası

costureira
tegüçe

juiz
xökemçe

químico
kimiyəçe

ator
aktor

profissões - hönərlər

motorista de ônibus
awtobus yörtüçe

motorista de táxi
taksiçe

pescador
balıqçı

faxineira
cıyıştıruçı xatın

telhador
tübə yabuçı

garçom
tabınçı

caçador
awçı

pintor
rəssam

padeiro
ikməkçe

eletricista
elektrçı

construtor
tözüçe

engenheiro
möhəndis

açougueiro
itçe

encanador
çöməkçe

carteiro
yamılçı

profissões - hönərlər

soldado
ğəskəri

arquiteto
miğmar

caixa
kassir

florista
çəçəkçe

cabelereiro
çəçtaraş

condutor
konduktor

mecânico
mekanik

capitão
kapitan

dentista
teş tabibı

cientista
ğalim

rabino
rabbi

imam
imam

monge
kəşiş

pastor
ruxani

profissões - hönərlər

ferramentas
ələtlər

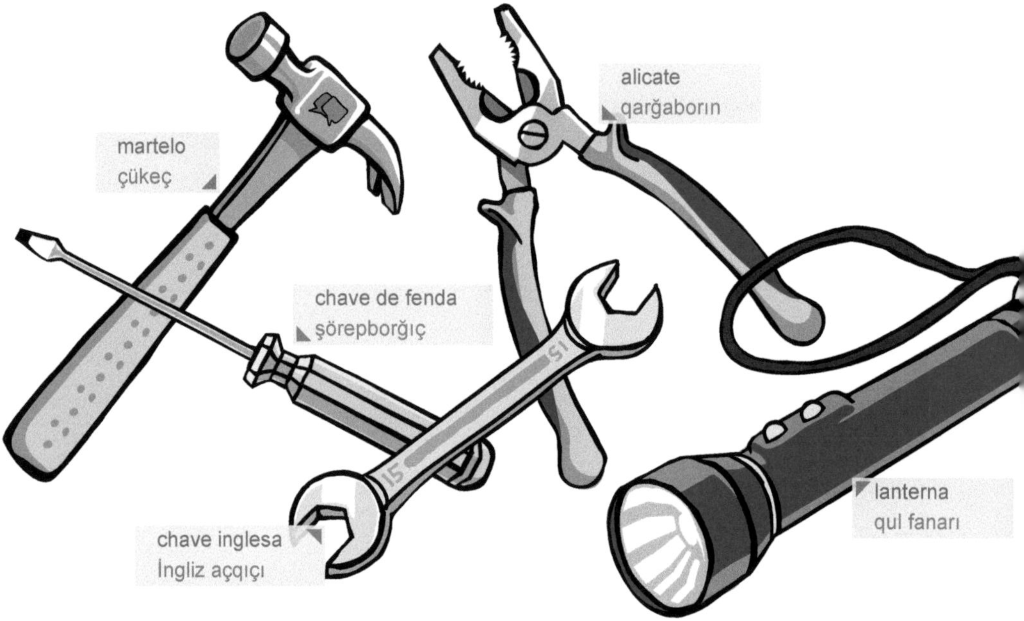

martelo
çükeç

alicate
qarğaborın

chave de fenda
şörepborğıç

chave inglesa
İngliz açqıçı

lanterna
qul fanarı

escavadora

qazu maşinası

caixa de ferramentas

ələt buqçası

escada de mão

basqıç

serra

pıçqı

pregos

qadaqlar

furadeira

dril

consertar
tözətergə

pá
körək

Droga!
Şaytan alğırı!

pá de lixo
sosqı

pote de tinta
buyaw sawıtı

parafusos
mıqlar

instrumentos musicais
muzıka alətlərə

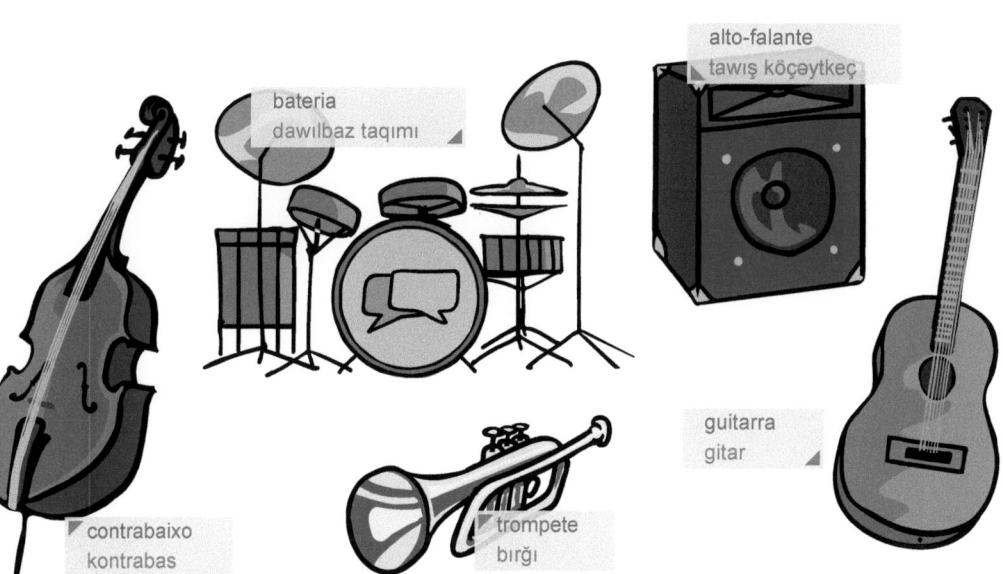

alto-falante
tawış köçəytkeç

bateria
dawılbaz taqımı

guitarra
gitar

contrabaixo
kontrabas

trompete
bırğı

piano	violino	baixo
piano	kəmən	bas gitar

timbales	tambor	teclado
timpani	dawılbaz	töyməsar

saxofone	flauta	microfone
saksofon	flüt	mikrofon

instrumentos musicais - muzıka alətlərе

zoológico
xaywan baqçası

entrada
kerü

tigre
yulbarıs

gaiola
çitlek

zebra
zebra

ração animal
terlek azığı

panda
panda

animais
xaywannar

elefante
fil

canguru
köngerə

rinoceronte
kərkədən

gorila
gorilla

urso
ayu

zoológico - xaywan baqçası

camelo
döyə

avestruz
təwə qoşı

leão
arıslan

macaco
maymıl

flamingo
flamingo

papagaio
tutıy qoş

urso polar
aq ayu

pinguim
pingwin

tubarão
küpek balığı

pavão
tawis

cobra
yılan

crocodilo
timsax

guarda do zoológico
xaywan baqçası xezmətkəre

foca
suete

jaguar
yaguar

zoológico - xaywan baqçası

pônei
poni

leopardo
qaplan

hipopótamo
su ayğırı

girafa
zörəfə

águia
börket

javali
qaban duñğızı

peixe
balıq

tartaruga
taşbaqa

morsa
morşa

raposa
tölke

gazela
ğəzəl

zoológico - xaywan baqçası

esportes
sport törləre

atividades
itkenləklər

pular
sikerergə

rir
kölərgə

abraçar
qoçaqlarğa

cantar
cırlarğa

andar
yörergə

rezar
ğibədət qılırğa

beijar
übərgə

sonhar
xıyallanırğa

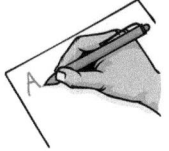

escrever

yazarğa

desenhar

rəsem yasarğa

mostrar

kürsətergə

empurrar

etərgə

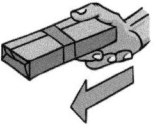

dar

birergə

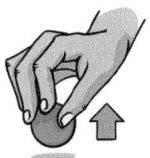

tomar

alırğa

atividades - itkenləklər

ter
iyə bulırğa

fazer
eşlərgə

ser
bulırğa

ficar de pé
basıp torırğa

correr
yögerergə

puxar
tartırğa

jogar
taşlarğa

cair
yığılırğa

deitar
yatarğa

esperar
kötərgə

carregar
taşırğa

sentar
utırırğa

vestir
kiyenergə

dormir
yoqlarğa

despertar
uyanırğa

atividades - itkenleklər

olhar para
qararğa

chorar
yılarğa

acariciar
sıparğa

pentear
tararğa

falar
söyleşergə

entender
añlarğa

perguntar
sorarğa

ouvir
tıñlarğa

beber
eçərgə

comer
aşarğa

arrumar
cıyıştırınırğa

amar
söyərgə

cozinhar
peşerergä

dirigir
sörergə

voar
oçarğa

velejar
diñgezgə açılu

calcular
isəpləw

ler
uqırğa

aprender
öyrənergə

trabalhar
eşlərgə

casar
öylənergə

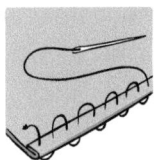
costurar
tegərgə

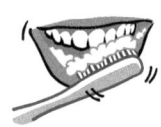
escovar os dentes
teş fırçalarğa

matar
üterergə

fumar
təməke tartırğa

enviar
cibərergə

família
ğailə

avó / əbi
avô / babay
pai / ata
mãe / ana
bebê / sabıy
filha / qız
filho / ul

convidado
qunaq

tia
apa

tio
abıy

irmão
abıy / ene

irmã
apa / señel

corpo
tən

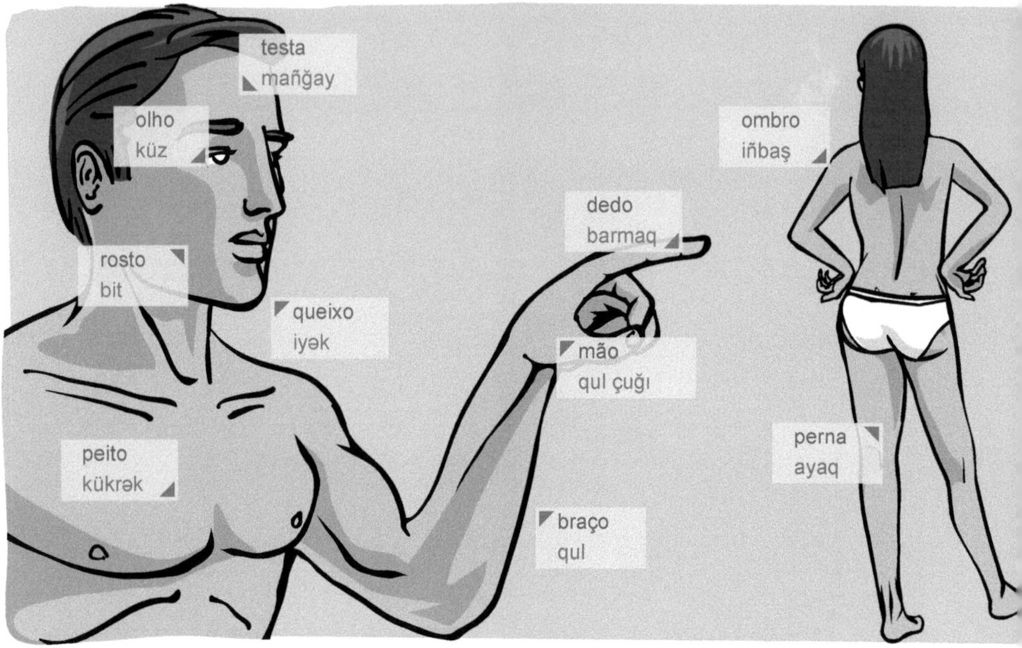

testa
mañğay

olho
küz

ombro
iñbaş

dedo
barmaq

rosto
bit

queixo
iyək

mão
qul çuğı

peito
kükrək

perna
ayaq

braço
qul

bebê
sabıy

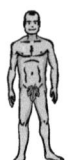

homem
ir

mulher
xatın

menina
qız

menino
malay

cabeça
baş

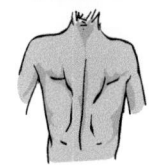

costas
arqa

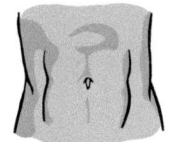

barriga
eç

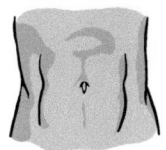

umbigo
kendek

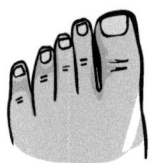

dedo do pé
ayaq barmağı

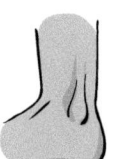

calcanhar
ükçə

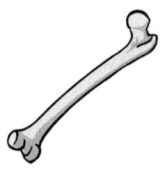

osso
söyək

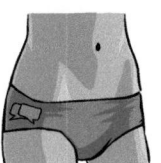

anca
bot

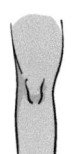

joelho
tez

cotovelo
tersək

nariz
borın

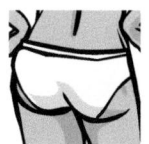

nádegas
art san

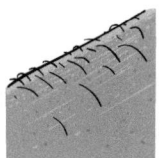

pele
tire

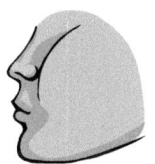

bochecha
yañaq

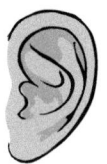

orelha
qolaq

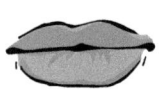

lábio
iren

corpo - tən

boca
awız

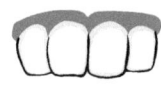
dente
teş

língua
tel

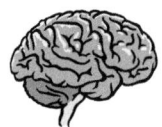
cérebro
mi

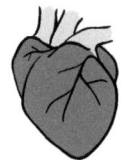
coração
yörək

músculo
ğəzlə

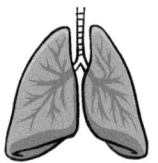
pulmão
üpkə

fígado
bawır

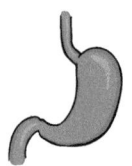
estômago
aşqazanı

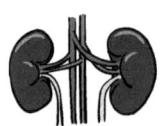
rins
böyerlər

relações sexuais
seks

preservativo
prezervativ

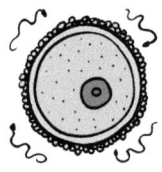
óvulo
kükəy küzənək

esperma
məni

gravidez
kömən

corpo - tən

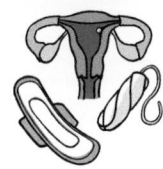
menstruação
kürem

vagina
vagina

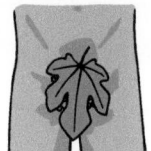
pênis
penis

sobrancelha
qaş

cabelo
çəçlər

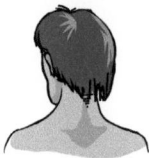
pescoço
muyın

hospital
xastaxanə

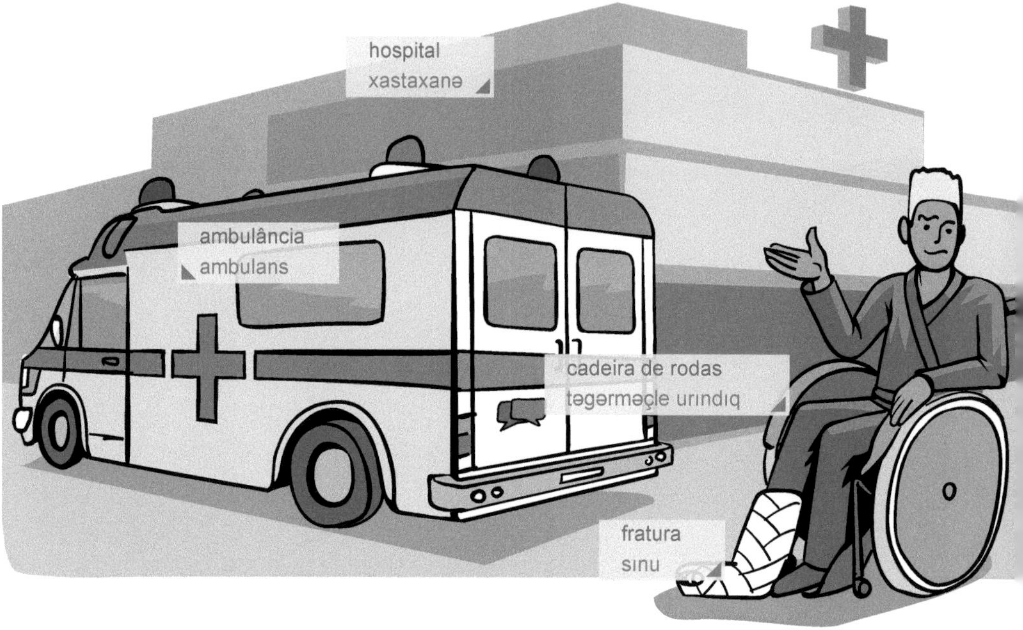

hospital / xastaxanə

ambulância / ambulans

cadeira de rodas / təgərməcle urındıq

fratura / sınu

médico
tabib

pronto-socorro
aşığıç yərdəm bülməse

enfermeira
şəfqət tutaşı

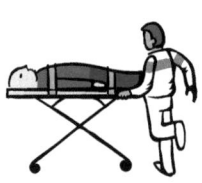

emergência
kiçektergesez xəl

inconsciente
añsız

dor
awırtu

ferimento
cərəxətlənü

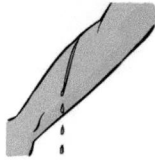
hemorragia
qan ağu

ataque cardíaco
infarkt

acidente vacular cerebral
insult

alergia
allergiyə

tosse
yütəl

febre
qızu

gripe
grip

diarreia
eç kitü

dor de cabeça
baş awırtu

câncer
yaman şeş

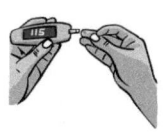
diabetes
diabet

cirurgião
xirurg

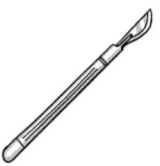
bisturi
skalpel

operação
ğəməliyət

hospital - xastaxanə

CT
ST

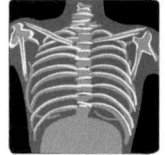
raio x
röntgen

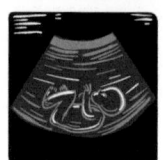
ultrassom
ultratawış

máscara
bitlek

doença
awıru

sala de espera
kötü bülməse

muleta
qultıq tayağı

bandeide
plaster

ligadura
bəyləweç

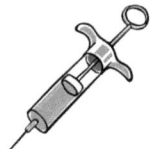
injeção
qadaw

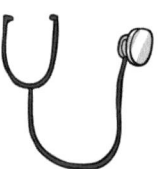
estetoscópio
stetoskop

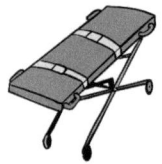
maca
sədiyə

termômetro
klinik termometr

nascimento
tuu

excesso de peso
artıq awırlıq

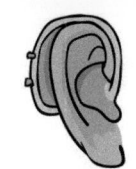
aparelho auditivo
işetü cihazı

desinfetante
dezinfektant

infecção
yoğış

vírus
virus

HIV / AIDS
KİV / BİDS

medicamento
daru

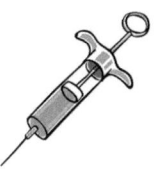
vacinação
vaksinalanu

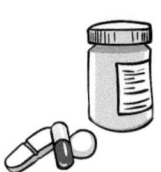
comprimidos
tabletlər

pílula
kontraseptiv tablet

chamada de emergência
aşığıç çaqıru

dispositivo de medição de pressão arterial
qan basımı ülçəgeçe

doente / saudável
awıru / sələmət

hospital - xastaxanə

emergência
kiçektergesez xəl

Socorro! — alarme — assalto

Qotqarığız! — xəwef tawışı — höcüm

ataque — perigo — saída de emergência

höcüm — qurqınıç — aşığıç çığu

Fogo! — extintor de incêndios — acidente

Yanğın! — ut sündergeç — qaza

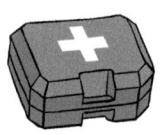  

maleta de primeiros socorros — SOS — polícia

berençe yərdəm buqçası — SOS — polisə

Terra
Cir

Europa
Awrupa

América do Norte
Tönyaq Amerika

América do Sul
Könyaq Amerika

África
Afrika

Ásia
Asya

Austrália
Awstralya

Atlântico
Atlantik okean

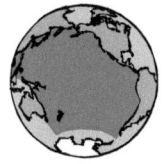

Pacífico
Tın okean

Oceano Índico
Hind okeanı

Oceano Antártico
Antarktik okean

Oceano Ártico
Arktik okean

Polo Norte
Tönyaq qotıp

Terra - Cir

Polo Sul — Könyaq qotıp

Antártica — Antarktika

Terra — Cir

terra — qorı cir

mar — diñgez

ilha — utraw

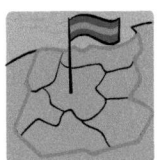 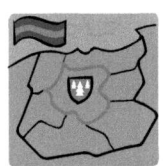

nação — millət

estado — dəwlət

relógio
səğət

mostrador do relógio

səğət bite

ponteiro das horas

səğət uğı

ponteiro dos minutos

minut uğı

ponteiro dos segundos

sekund uğı

Que horas são?

Səğət niçə?

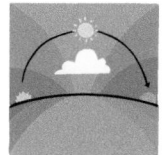

dia

kön

tempo

waqıt

agora

xəzer

relógio digital

dijital səğət

minuto

minut

hora

səğət

semana
atna

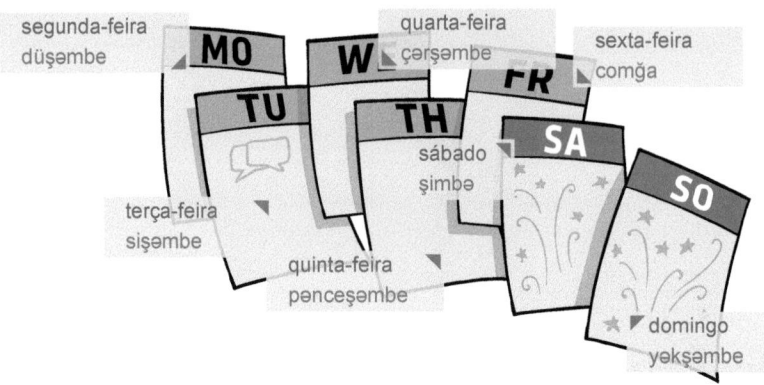

segunda-feira
düşəmbe

quarta-feira
çərşəmbe

sexta-feira
comğa

terça-feira
sişəmbe

sábado
şimbə

quinta-feira
pəncəşəmbe

domingo
yekşəmbe

ontem
kiçə

hoje
bügen

amanhã
irtəgə

manhã
irtə

meio-dia
töş

entardecer
kiç

dias úteis
eş könnəre

fim de semana
yal könnəre

ano

yıl

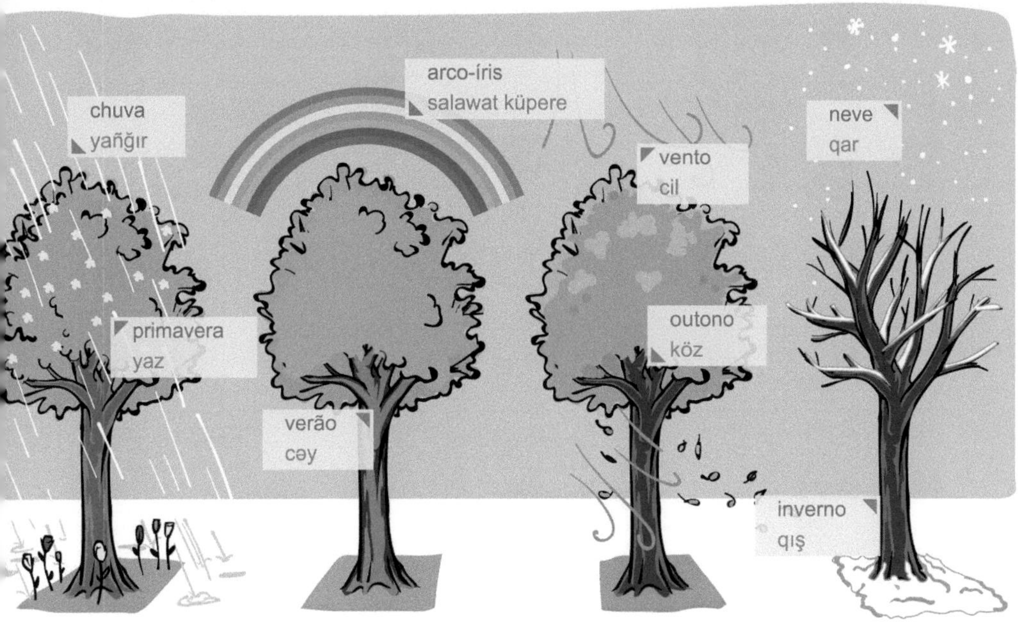

arco-íris
salawat küpere
chuva
yañğır
neve
qar
vento
cil
primavera
yaz
outono
köz
verão
cəy
inverno
qış

4.APRIL 11°
5.APRIL 4°
6.APRIL 13°
7.APRIL 8°
8.APRIL 10°

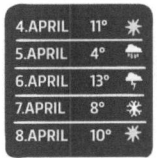

previsão do tempo

hawa torışı

F C
120 90 60 30 0 -30
40 30 20 10 0 -10 -20

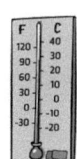

termômetro

termometr

raio de sol

qoyaş yaqtısı

nuvem

bolıt

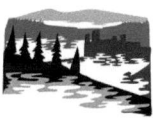

neblina / nevoeiro

toman

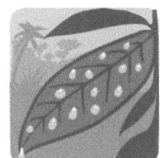

umidade do ar

dımlılıq

relâmpago
yəşen

trovão
kük kükrəw

tempestade
dawıl

granizo
boz

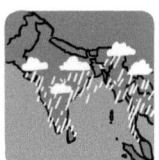
monção
musson

inundação
su basu

gelo
boz

janeiro
Qırlaç

fevereiro
Aqman

março
Buşay

abril
Yañarış

maio
Saban

junho
Çereşmə

julho
Peçən

agosto
Uraq

ano - yıl

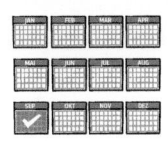
setembro
Indır

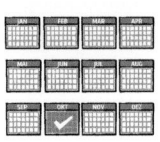
outubro
Bilek

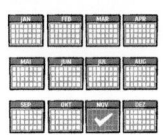
novembro
Qaraköz

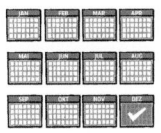
dezembro
Kerəw

formas
şəkellər

círculo
tügərək

quadrado
dürtkel

retângulo
turıpoçmaq

triângulo
öçpoçmaq

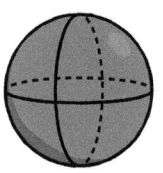
esfera
körrə

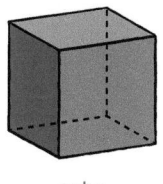
cubo
kub

formas - şəkellər

cores
töslər

branco
aq

amarelo
sarı

laranja
qızğılt sarı

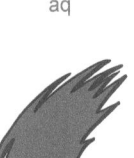

rosa
al

vermelho
qızıl

lilás
şəməxə

azul
zəngər

verde
yaşıl

marrom
körən

cinza
sorı

preto
qara

opostos
qapma-qarşılıqlar

muito / pouco
küp / az

furioso / tranquilo
usal / tınıç

lindo / feio
matur / yəmsez

começo / fim
baş / axır

grande / pequeno
zur / keçkenə

claro / escuro
yaqtı / qarañğı

irmão / irmã
abıy, ene / apa, señel

limpo / sujo
taza / pıçraq

completo / incompleto
təmam / təmamlanmağan

dia / noite
kön / tön

morto / vivo
üle / tere

largo / estreito
kiñ / tar

comestível / não comestível

aşarğa yaraqlı / aşarğa yaragsız

mau / gentil

yaman / yaxşı

entusiasmado / entediado

dulqınlanğan / yalıqqan

gordo / magro

yuan / yabıq

primeiro / último

berençe / soñğı

amigo / inimigo

dus / doşman

cheio / vazio

tulı / buş

duro / macio

qatı / yomşaq

pesado / leve

awır / ciñel

fome / sede

açlıq / susaw

doente / saudável

awıru / sələmət

ilegal / legal

qanunsız / qanunlı

inteligente / idiota

aqıllı / aqılsız

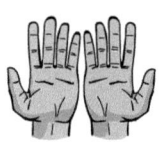

esquerda / direita

sul / uñ

perto / longe

yaqın / yıraq

opostos - qapma-qarşılıqlar

novo / usado
yaña / qullanılğan

nada / alguma coisa
hiçnərsə / nərsəder

velho / jovem
ölkən / yəş

ligado / desligado
bızdırılğan / sünderelgən

aberto / fechado
açıq / yabıq

baixo / alto
tawıssız / göreltele

  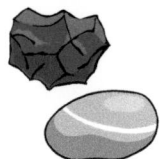

rico / pobre
bay / yarlı

certo / errado
döres / yalğış

áspero / liso
qıtırşı / şoma

triste / feliz
küñelsez / küñelle

curto / longo
qısqa / ozın

lento / rápido
aqrın / tiz

molhado / seco
dımlı / qorı

ameno / fresco
cılı / salqın

guerra / paz
suğış / tınıçlıq

opostos - qapma-qarşılıqlar

números
sannar

0
zero
sıfır

1
um
ber

2
dois
ike

3
três
öç

4
quatro
dürt

5
cinco
biş

6
seis
altı

7
sete
cide

8
oito
sigez

9
nove
tuğız

10
dez
un

11
onze
unber

12

doze
unike

13

treze
unöç

14

quatorze
undürt

15

quinze
unbiş

16

dezesseis
unaltı

17

dezessete
uncide

18

dezoito
unsigez

19

dezenove
untuğız

20

vinte
yegerme

100

cem
yöz

1.000

mil
meñ

1.000.000

milhão
million

números - sannar

idiomas
tellər

inglês
inglizcə

inglês americano
Amerika inglizcəse

chinês mandarim
Mandarin qıtayçası

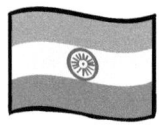

hindi
hindi

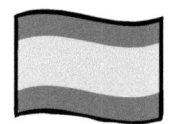

espanhol
İspança

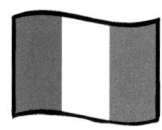

francês
Fransızça

árabe
Gərəpçə

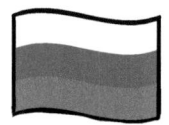

russo
Rusça

português
Portugalça

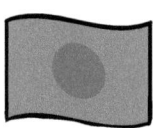

bengalês
Bengali

alemão
Almança

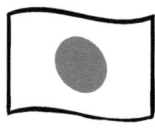

japonês
Yaponça

quem / o quê / como
kem / nərsə / niçek

eu
min

você
sin

ele / ela
ul / ul / ul

nós
bez

vocês
sez

eles / elas
alar

quem?
kem?

O quê?
nərsə?

como?
niçek?

onde?
qayda?

Quando?
qayçan?

nome
isem

onde
qayda

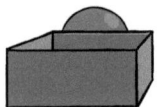

atrás

artta

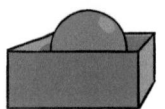

em

eçendə

na frente de

aldında

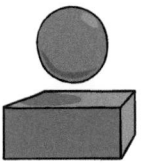

sobre

östendə

em cima

östendə

debaixo

astında

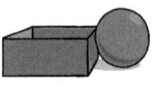

do lado

yanında

entre

arasında

lugar

urın